Georg Geßner/Reinhard Abeln

„Hast du auch Kinder, Oma?“

Lustiges aus Kindermund

Mit Zeichnungen von Axel Zimmermann

fe
Fe-Medienverlag, Kisslegg

Impressum

1. Auflage Februar 2006

Friedr.-Wirth-Str. 4, D-88353 Kisslegg
Druck: Pustet, Regensburg

ISBN 3-928929-86-0

Georg Geßner/Reinhard Abeln

„Hast du auch Kinder, Oma?"

Lustiges aus Kindermund

Mit Zeichnungen von Axel Zimmermann

Inhalt

Ein Wort zuvor

Lachen ist gesund, denn es hilft über manches im Leben hinweg. Und wer behauptet, das Leben sei viel zu ernst (als dass man darüber lachen dürfte), hat den Sinn der Welt nicht begriffen. Ein Sprichwort aus Angola sagt es trefflich: „Lachen reinigt nicht nur die Zähne, es säubert auch die Runzeln vom Staub."

Haben Sie heute schon gelacht, liebe Leserinnen und Leser? Wenn nicht, dann lassen Sie sich von den Kindern anstecken! Besonders Kinder im Kindergarten-, Vorschul- und Grundschulalter legen mit ihren drolligen Aussagen eine Herzlichkeit und Fröhlichkeit an den Tag, die uns Erwachsenen zum Lachen, wenigstens zum Schmunzeln, bringen. Kinder sind ein großes Geschenk – und an Geschenken darf man bekanntlich seine Freude haben!

Dieses Bändchen enthält gesammelte Kinderaussprüche, wie sie das tägliche Zusammensein mit Kindern von drei bis acht Jahren hervorsprudeln lässt. Es lädt uns ein, über die drolligen „Worte" und „Taten" unserer Kleinen fröhlich zu schmunzeln und von Herzen zu lachen. Das befreit vom erdrückenden Ernst der täglichen Probleme und von der erstickenden Luft des Alltags!

Lassen Sie sich, liebe Leserinnen und Leser, einladen von der ungeahnten Lebensfreude der Kinder! Lassen Sie sich anstecken von ihrer Unbefangenheit und Unverstelltheit, Spontaneität und Begeisterungsfähigkeit, Herzlichkeit und Natürlichkeit! Nicht ohne Grund hat Jesus ein Kind in die Mitte seiner Jünger gestellt und ihnen (und uns) gesagt: „Wenn ihr nicht wie die Kinder werdet, könnt ihr nicht in das Himmelreich kommen“ (Mt 18,3)!

Die Herausgeber

„Papi, könnte ich die Omi heiraten?“

Bei Mutti und Vati

Der Vater erklärt seinem kleinen Sohn die Sternbilder am Himmel. „Das da drüben“, sagt der Vater, „ist der große Wagen.“ – „Wieviel PS hat denn der, Papi?“, fragt daraufhin der Kleine.

„Vati, Vati“, schreit Simon und stürmt in das Arbeitszimmer des Vaters. – „Wie oft soll ich dir noch sagen, dass du mich nicht bei der Arbeit stören darfst und dass du nur reden sollst, wenn du gefragt wirst, mein Sohn?“ – „Vati, dann frag mich doch bitte, ob es im Kinderzimmer brennt!“

„Wer hat denn die Badezimmertür mit ganz schmutzigen Händen angefasst?“, fragt streng die Mutter. – „Ich bestimmt nicht“, wehrt sich Hartmut, „denn ich stoße sie ja immer mit dem Fuß auf!“

Der Vater ärgert sich über die Bequemlichkeit seiner Kinder. „Als ich noch so alt war wie ihr“, nörgelt er herum, „habe ich oft im kalten Zimmer schlafen

müssen und manchmal nicht genug zu essen gehabt." – „Dann kannst du ja froh sein, dass du jetzt bei uns sein darfst", stellt Sabinchen fest.

Die Mutti erzählt der Susi, dass sie in Berlin und der Vati in Köln geboren ist. Darauf Susi: „Und ich bin in München geboren! Toll, dass wir drei dennoch zusammengekommen sind!"

Maxi wünscht sich zum Geburtstag eine Trompete. Aber der Vater will davon überhaupt nichts wissen: „Soll ich mir vielleicht den ganzen Tag diesen Krach anhören?!" – „Nein, Papi", erklärt der Junge sanft, „ich verspreche dir, dass ich immer nur spiele, wenn du schläfst!"

„Scheiße", murmelt Steffen vor sich hin, als das heiße Kerzenwachs auf seine Hand tropft.– Der Vater horcht auf: „Wer hat dir denn dieses hässliche Wort beigebracht?" „Das Christkind", behauptet Steffen. „Das glaubst du ja selber nicht", widerspricht der Vater. – „Doch, Papi", bleibt Steffen dabei. „Ich habe an der Tür gelauscht, als das Christkind im Weihnachts-

zimmer die Spielsachen hingestellt hat – und da habe ich gehört, wie es ganz laut ‚Scheiße' gesagt hat, als es an den Stuhl gestoßen ist."

„Papi, könnte ich die Omi heiraten?", will der kleine Roland wissen. – „Das wäre unmöglich", erklärt der Vater, „du kannst doch nicht meine Mutter heiraten!" – „Aber wieso denn nicht? Du hast doch auch meine Mutter geheiratet!", wundert sich der Junge.

„Papi, hast du eigentlich auch schon Auto fahren können, als du noch nicht mit Mami verheiratest warst?", fragt die kleine Ute den Vater. – „Schon lange vorher, mein Schätzchen!", bestätigt der Vater. – „Aber wer hat dir denn damals immer gesagt, wie du fahren musst?", will die Kleine noch wissen.

Arnold kommt laut weinend zur Mutter gelaufen: „Papi hat sich mit dem Hammer auf den Daumen geschlagen." – „Aber da brauchst du doch nicht zu weinen!", will die Mutter den

Jungen trösten. – „Zuerst habe ich ja auch gelacht", berichtet nun Arnold schluchzend.

Der Vater kommt nach Hause und wird von der kleinen Tochter mit vielen Küsschen empfangen. „Siehst du, wie herzlich mich dein Schwesterchen Anke begrüßt – und du?", meint der Vater vorwurfsvoll zu Brigitte. – „Ich hab' schließlich auch keinen Spiegel zerschlagen wie sie", erklärt Brigitte ihrem Vater.

Evi sieht zufällig mit an, wie der Vater im Garten die Ostereier versteckt. „Mutti, jetzt weiß ich's bestimmt", ruft sie. „Papi ist bei uns nicht nur der Weihnachtsmann, sondern auch der Osterhase. Vielleicht steckt er auch noch hinter dem Klapperstorch."

„Ist Tinte denn sehr teuer?", will Jürgen vom Vater wissen.
„Überhaupt nicht", antwortet der Vater.
„Dann weiß ich nicht", meint Jürgen, „warum Mutti so ärgerlich ist, weil ich versehentlich deine Tinte über das Tischtuch gegossen habe."

Die Eltern schauen sich alte Fotos an. „Das ist die Festung in Würzburg", erzählt die Mutter. „Da haben Vati und ich uns kennen gelernt." „Und wo habt ihr denn mich kennen gelernt?", will Klein-Agnes wissen.

„Mutti, warum hat Vati überhaupt keine Haare auf dem Kopf?", will Freddy wissen.
„Weil er so viel denkt, mein Kind", gibt die Mutter Auskunft.
Freddy wird nachdenklich: „Und warum hast du so viele Haare, Mutti?"

Uschi findet in der Nähe ihres Elternhauses einen Fünfzigeuroschein. „Den musst du aufs Fundamt bringen", weiß die Freundin. – „Muss ich nicht", wehrt sich Uschi, „denn der stammt von meiner Mutter." – „Und woher willst du das wissen?" – „Weil Papi immer auf Mutter schimpft, dass sie das Geld zum Fenster hinausschmeißt!"

Vater und Sohn betrachten ein Bild mit Engeln und reden darüber. Dann sagt der Vater: „Engel sind Wesen, die keinen Leib haben!" – Da meint der Sohn: „Komisch, dann sitzt der Kopf da gleich auf den Füßen!"

Flori kommt mit der Mutti vom Zahnarzt zurück. „Tut dein Zahn immer noch weh?", fragt mitfühlend der Vater. – „Weiß ich nicht", antwortet Flori, „der Zahnarzt hat ihn ja bei sich behalten."

Der kleine Frank ist ein großer Dreckfink. Am Abend sagt die Mutter zu ihm: „Wenn du deinen Hals schön wäschst, darfst du morgen beim Ausflug mit!" – „Und wenn es morgen regnet, stehe ich da mit meinem gewaschenen Hals!", gibt der Junge zur Antwort.

„Aber du hörst mir ja gar nicht zu, Mutti!", beschwert sich Inge. – „Aber ich hör dir doch zu!" – „Nein, du hörst mir nicht zu, sonst wärst du schon längst wütend geworden!"

„Hast du auch Kinder, Omi?“

Von den Großeltern

Der kleine Christoph geht ins medizinische Fachgeschäft. „Ist das Hörgerät für meinen Opa fertig?“, fragt er. – „Noch nicht, mein Junge“, antwortet der Inhaber freundlich. „Braucht es dein Opa denn so dringend?“ – „Das nicht“, erwidert der Kleine, „aber meine Oma möchte ihm mal wieder so richtig den Marsch blasen!“

Die Großeltern haben ihren kleinen Enkel Moritz zu sich eingeladen. Vor dem Mittagessen sagt die Oma: „Heute darf unser kleiner Gast das Tischgebet sprechen.“ Moritz ist stumm wie ein Fisch. Die Oma will helfen und fragt: „Na, was sagt denn immer deine Mutti, ehe ihr zu Hause anfangt zu essen?“ – Darauf erwidert Moritz mit fromm gefalteten Händen:

„Bekleckert euch ja nicht, ihr alten Ferkel!“

Klein-Tanja hat wieder einmal der Oma nicht gefolgt. „Wenn du so unfolgsam bist", sagt die Oma, „dann geht es dir wie dem Rotkäppchen. Du weißt ja – das hat der Wolf gefressen." „Aber zuerst hat er die Großmutter gefressen", weiß Tanja recht genau.

„Ach bitte, Oma, spiel mit uns Zoo!", betteln Hansi und Klausi. – „Und was soll ich denn dabei?", wundert sich die Oma. – „Wir sind die Affen und du bist die gute Frau, welche die Affen immer mit Schokolade und Bonbons füttert."

Oma singt ihrem Enkel ein Schlaflied vor. Nach einer Weile meint der kleine Dirk: „Omi, kannst du nicht draußen weitersingen? Ich möchte jetzt gern schlafen!"

„Betest du auch jeden Morgen?", erkundigt sich die Oma. – „Nein, nur am Abend", erklärt Julia. „Morgens ist es ja hell, da habe ich keine Angst. Nur am Abend bete ich."

„Weil die Mutter in der Kur ist, führt die Großmutter den Haushalt. Da kommt der kleine Frank in die Küche: „Omi, ich bin entsetzlich durstig!“
„So, hier ist ein Glas Wasser!“, sagt die Großmutter. – „Omi, ich bin durstig und nicht dreckig!“, empört sich der Junge.

„Warum machst du denn ein so missmutiges Gesicht?“, fragt die Oma den Enkel. „Spiel doch ein wenig mit dem neu zugezogenen Nachbarsjungen! Der ist doch so alt wie du!“ – „Mit dem habe ich gestern gespielt“, verrät Robert, „und ich weiß nicht, ob er schon wieder aufstehen darf!“

„Sag, Kleine, wer ist denn der rüstige alte Herr, der da drüben im Garten arbeitet?“
„Das ist mein Opa“, erklärt Reinhilde stolz.
„Wie alt ist er denn?“ – „Das weiß ich nicht“, überlegt das Mädchen, „aber wir haben ihn schon sehr lange.“

Peterle will dem geliebten Opa zu Weihnachten etwas kaufen. Er geht in ein Spielwarengeschäft und fragt die Verkäuferin: „Haben Sie etwas für einen aufgeweckten Siebzigjährigen?“

Der Opa fragt seinen kleinen Enkel: „Hast du dir auch etwas für die Fastenzeit vorgenommen?“ „Aber sicher, Opa“, antwortet dieser, „ich gebe unserem Hund seit Aschermittwoch keine Wurst mehr.“

Martina stellt in Omas Gesicht viele Falten fest. „Omi“, sagt sie, „deine Gesichtsfalten kriegen wir jetzt weg. Wir haben seit gestern daheim ein Dampfbügeleisen!“

Die Omi legt sich zu einem Mittagsschläfchen hin und schnarcht fürchterlich. Die kleine Evi hört das und sagt: „Opa, die Omi muss man ölen, die quietscht so laut!“

Silke fragt die Omi: „Hast du auch Kinder?“ – „Ja, deine Mutti ist mein Kind.“ – Nach einigen Tagen kommt Silke weinend zur Omi und klagt: „Omi, dein Kind hat mich geschimpft!“

Die Großmutter spaziert mit ihrer Enkelin Rikki über die Wiese und erklärt ihr die Blumen: „Das hier ist ein Stiefmütterchen!“ – Darauf möchte das Mädchen wissen: „Und wo sind die Großmütterchen?“

An einem kalten Wintermorgen zog der Opa gerade seine langen, warmen Unterhosen an. Da kam plötzlich seine fünfjährige Enkelin Katja ins Zimmer. Das Mädchen blieb wie angewurzelt stehen und meinte: „Opa, ich wusste gar nicht, dass du auch zum Ballettunterricht gehst!“

„Aber Kind“, schimpft die Oma mit ihrem Enkel, „du kannst doch nicht einfach dem Mann dort drüben die Zunge rausstrecken.“ – „Doch, Omi“, widerspricht Karli, „das ist unser Doktor – der hat das gern!“

„Deine Füße sind dreckiger als meine"

Unter Geschwistern und Freunden

Anja hat zum siebten Geburtstag viele Kinder aus der Nachbarschaft eingeladen. Alle bringen Geschenke mit, hauptsächlich Süßigkeiten. „Die schicken wir am besten den armen Kindern in der Dritten Welt", sagt die Mutter, „sonst bekommst du wieder so ein schlimmes Zahnweh!" – Anja lehnt energisch den Vorschlag der Mutter ab: „Die behalte ich lieber selber, sonst bekommen die armen Kinder auch noch Zahnweh!"

Kurt und Sven, die beiden guten Freunde, haben sich zerstritten. „Mach dir nichts daraus", tröstet Mutter ihren Kurt, „du findest sicherlich wieder einen neuen Freund!" – Weinerlich kommt die Antwort: „So einen wie Sven aber nicht mehr – sein Vater ist nämlich Konditor!"

„Dein neues Geschwisterchen ist eurem Vater aber ganz aus dem Gesicht geschnitten", sagt der Pfarrer zur siebenjährigen Susi, die gerade mit dem Kinderwagen am Pfarrhaus vorbeikommt. – „Das macht nichts, Herr

Pfarrer", entgegnet das Mädchen, „wir mögen es trotzdem!"

„Ich heirate einmal die Silke", erzählt der kleine Jan der Mutter. – „Hast du sie denn schon einmal gefragt?", gibt die Mutter zu bedenken. „Zum Heiraten gehören nämlich immer zwei." – „Au klasse", freut sich Jan, „dann nehme ich die Julia auch noch dazu!"

Die Eltern sind am Abend ins Theater gegangen und Johannes badet vor dem Zubettgehen den kleinen Bruder. „Die Mutti macht das aber nicht so“, stellt Klausi fest. – „Wie macht es die denn?“ – „Die zieht mir vor dem Bad immer die Strümpfe aus.“

Der kleine Winfried ist entsetzt, als er sein neugeborenes Brüderchen zum ersten Mal sieht. „O Gott“, sagt er, „der sieht ja so aus wie unser Opa: keine Haare und keine Zähne!“

Die Nachbarskinder sind sehr ungezogen. Die Mutter hat deshalb dem kleinen Peter verboten, mit diesen zu spielen. Eines Nachmittags sieht sie vom Küchenfenster aus, dass Peter sich mit den Nachbarskindern balgt. Sie ruft hinunter: „Peter, habe ich dir nicht gesagt, du sollst nicht mit ihnen spielen?!“ – „Ich spiele ja gar nicht mit ihnen“, ruft Peter herauf, „ich verhaue sie ja nur.“

„Heiratest du mich, wenn wir mal groß sind?", fragt die kleine Inge ihren fünfjährigen Freund. „Würde ich ja gern", antwortet Hansi, „aber das geht nicht. Weißt du, in unserer Familie wird nur untereinander geheiratet: mein Großvater meine Großmutter, mein Onkel meine Tante, mein Vater meine Mutter ..."

„Deine Füße sind dreckiger als meine!", stellt Rainer vor dem Schlafengehen fest. – „Ich bin ja auch zwei Jahre älter als du", hat der Bruder eine Erklärung.

Der Pfarrer fragt: „Na, Margot, wie heißt denn dein neues Schwesterchen?" – Margot antwortet: „Das wissen wir noch nicht. Wir können nämlich kein Wort verstehen von dem, was es sagt!"

Sabine besucht ihre Freundin und hört, wie deren kleines Schwesterchen fürchterlich schreit. „Warum weint sie denn so sehr?", will Sabine wissen. – „Die bekommt gerade Zähne", erklärt die Freundin. – „Ach", wundert sich Sabine, „will sie denn keine?"

„Du hast heute ein Schwesterchen bekommen", erklärt der Vater dem kleinen Peter. – „Das muss ich heute Nachmittag gleich Mutti erzählen", ist Peterchen erfreut.

Die kleine Andrea versucht ihren jüngeren Bruder zu bewegen, nach Hause zu gehen, aber der wehrt sich mit Händen und Füßen. Da kommt ein Erwachsener vorbei, geht auf den ungehorsamen Kleinen zu und sagt: „Wenn du jetzt nicht gleich folgst, fresse ich dich!"
Darauf Andrea: „Den können Sie nicht fressen, der hat gerade in die Hose gemacht!"

„Gib deiner Tante einen Kuss"

Bei Onkel und Tante

„Wen magst du mehr, Tante Gertraud oder Onkel Heinrich?" – „Das weiß ich erst, wenn Weihnachten vorbei ist", überlegt Kathi.

Der kleine Christoph soll der Tante ein Küsschen geben. Aber er wehrt entsetzt ab.
Da mischt sich der Vater ein: „Sofort gibst du der Tante einen Kuss!" – Mit weinerlicher Stimme sträubt sich Christoph: „Aber, Papi, du hast doch gestern selber noch gesagt, dass die Tante eine giftige Zunge hat."

„Onkel, die Trommel von dir ist mein liebstes Geburtstagsgeschenk!", erzählt der kleine Peter.
„Trommelst du denn so oft?", freut sich der Onkel.
„Nein", antwortet der Junge, „aber der Papa gibt mir jetzt jede Woche zwei Euro, wenn ich nicht trommle."

„Tante, kannst du mir einen Euro für einen armen alten Mann geben?", bettelt Fränzchen. „Das ist lieb von dir, dass du einem armen Menschen helfen willst", lobt die Tante. „Wo ist denn der Mann?" – „Er steht dort drüben und verkauft Erdbeereis", erklärt der Junge.

Mäxchen ist bei Tante Paula zum Geburtstagskaffee eingeladen und futtert kräftig drauf los. „Warte doch wenigstens, bis dich die Tante fragt, ob du noch etwas haben willst!", flüstert die Mutter.
Aber dieses Risiko scheint Mäxchen doch zu groß: „Und was ist, wenn sie mich nicht fragt?"

Tim kommt zur Tante zu Besuch und ist schon gespannt. „Du, Tante, zeig mir doch mal dein Gewehr!"
„Wieso mein Gewehr?", fragt die Tante verblüfft. „Ich hab doch gar kein Gewehr!"
„Aber Papa sagt doch immer, du bist auf Männerjagd!"

Tante Edith feiert mit Onkel Gerold goldene Hochzeit. „Was ist denn das, goldene Hochzeit?“, will die kleine Evi wissen. – „Ja“, sagt die Tante „das bedeutet, dass Onkel Gerold und ich fünfzig Jahre miteinander gelebt haben.“ Darauf die Kleine: „Und warum wollt ihr jetzt heiraten?“

„Aber Walter“, sagt die Mutter, „du kannst doch zur Tante Lila nicht sagen, dass sie dumm ist! Entschuldige dich!“ – Walter geht zur Tante und sagt: „Tante Lila, es tut mir sehr Leid, dass du so dumm bist!“

„Was, du kommst schon zurück? Du wolltest doch Onkel und Tante besuchen!“, wundert sich die Mutter.
„Hab ich ja“, erwidert Susanne, „aber dort war es so langweilig. Beide sitzen auf dem Sofa und haben nichts an!“ – „Haben nichts an?“, staunt die Mutter. – „Nein“, erklärt das Mädchen, „kein Radio und keinen Fernseher!“

„Bist du heute beim Zahnarzt recht tapfer gewesen?“, fragt die Tante. – „O ja“, antwortet Harry.–

„Hier hast du zwei Euro“, fährt die Tante fort, „kauf dir was dafür! Was hat denn der Zahnarzt eigentlich gemacht?“ – „Er hat meinem kleinen Bruder zwei Zähne gezogen“, erklärt Harry und verstaut das Geldstück.

„Den Teufel gibt's gar nicht"

Mit dem Pfarrer im Gespräch

Der Pfarrer hat der kranken Großmutter die Krankenölung gespendet. Am anderen Tag trifft er ihren Enkel und fragt: „Na, Michael, wie geht's denn deiner Oma?" – Darauf der Junge: „Danke, Herr Pfarrer, seit dem Ölwechsel geht's ihr wieder besser!"

Kai, acht Jahre alt, erzählt dem Pfarrer nach der Religionsstunde, dass er heute Geburtstag hat. „Sieh mal an", antwortet der Pfarrer lächelnd, „ich habe heute auch Geburtstag." Als Kai mittags nach Hause kommt, sagt er voller Freude: „Mutti, du wirst es nicht glauben: Der Pfarrer und ich sind Zwillinge!"

Der Pfarrer schaut bei Familie Wagner vorbei, um ein Anliegen vorzubringen. Erstklässler Pit öffnet die Tür und bittet den Pfarrer herein. „Nein, ich will lieber nicht hereinkommen", lehnt dieser dankend ab, „ich habe so schmutzige Füße!" – „Aber das macht doch nichts", lässt sich Pit vernehmen, „Sie haben doch Schuhe an!"

„Warst du auch dabei, als man dem Pfarrer die Kirschen gestohlen hat?", nimmt sich der Vater den Sohn vor. – „Nein, ich war noch nicht groß genug dafür", erklärt Ralf, „aber nächstes Jahr bin ich dabei!"

Anni führt ihren Dackel Gassi. Der vorbeikommende Pfarrer meint: „Einen netten Hund

hast du da! Hat er auch einen Stammbaum?"
„Nein", klärt Anni den Pfarrer auf, „er macht an alle."

„Engel sind gute Geister und haben keinen Leib", erklärt der Pfarrer in der Religionsstunde bei den ABC-Schützen. „Das muss aber komisch aussehen", meint Gerd, „der Kopf und dann gleich die Beine!"

In der Religionsstunde bei den ABC-Schützen erzählt der Pfarrer vom Teufel. Aber Maxi weiß es besser: „Den Teufel gibt's gar nicht! Das ist genau wie beim Nikolaus – das ist der Vater!"

Der Pfarrer erzählt den Kindern vom Fest Mariä Verkündigung: „Maria ist gerade beim Gebet. Da kommt auf einmal jemand herein. Wer denn? Er wird oft mit zwei großen Flügeln dargestellt. Na, wer weiß es?"
„Ich weiß, ich weiß", ruft Sabine begeistert, „das war der Klapperstorch!"

Der Pfarrer macht dem kleinen Dieter Vorhaltungen: „Wie konntest du nur der alten Frau neben euch einen Stein ins Fenster werfen, obwohl sie dir ein Stück Kuchen geschenkt hat?“ „Das war kein Stein, Herr Pfarrer, das war der Kuchen!“, verteidigt sich der Junge.

Sigrid hat den Hund des Pfarrers spazieren geführt. „Na, hat der Fiffi Furore gemacht?“, will der Pfarrer wissen. – „Ja, fast an jedem Baum!“, gibt das Mädchen zur Antwort.

Der Pfarrer fragt die Kinder, warum wir um das tägliche Brot und nicht um das wöchentliche oder monatliche Brot bitten. Der kleine Hubert weiß es: „Sicher darum, weil es immer frisch sein soll!“

Der Pfarrer erzählt: „Gott ist überall, auf den Bergen, im Wald, auf der Wiese, in der Wohnung.“ Da fragt ein kleiner Schüler: „Im Keller auch?“ „Ja, selbstverständlich!“, sagt der Pfarrer. „Das stimmt nicht“, meint der Kleine, „bei uns ist der Keller voller Äpfel!“

Die Mutter schickt ihren Sohn zum Onkel in die Stadt, der dort Pfarrer ist. Sie belehrt ihn: „Wenn du zum Onkel Pfarrer kommst, dann sag schön: Gelobt sei Jesus Christus!“ – Als er wieder nach Hause kommt, fragt die Mutter: „Hast du wohl den Pfarrer ordentlich gegrüßt?“ – Der Junge: „Das war nicht möglich, denn als ich läutete, hat seine Haushälterin geöffnet, und dann habe ich gesagt: Gegrüßet seist du, Königin!“

Der Pfarrer sieht, wie der kleine Fritz sich vergebens bemüht, eine Haustürklingel zu drücken, geht hin und hilft dem Jungen.
Kaum getan, sagt der Schlingel zum Pfarrer: „Jetzt aber, Herr Pfarrer, müssen wir sofort abhauen!“

„Ich bin heute so unappetitlich"

Beim Essen

Klaus trinkt zum ersten Mal in seinem Leben Sauermilch. Zuerst stutzt er. Dann meint er: „Mutti, ich glaube, die Kuh war noch nicht reif genug."

„Iss jetzt endlich den gesunden Spinat, damit du ein wenig Farbe in dein Gesicht bekommst!", befiehlt die Mutter ihrem Sohn bei Tisch. – „Ich will aber keine grünen Backen haben!", wehrt sich der kleine Norbert.

Roswitha und Holger sitzen beim Essen im Hotel nebeneinander am Tisch. Da rutscht Roswitha das Schnitzel vom Teller und landet auf dem Fußboden. Schon kommt auch ein Hund darauf zu. „O weh!", ruft Roswitha entsetzt. Doch Holger kann sie beruhigen: „Keine Angst, der Hund kann nicht mehr dran. Ich habe schon meinen Fuß darauf gestellt."

„Aber Ulli", rügt die Mutter, „du sollst doch nicht immer mit der Hand über den ganzen Tisch nach dem Kuchen greifen! Wozu hat man denn seinen Mund?" – „Aber Mutti", gibt Ulli zu bedenken, „mit dem Mund komme ich doch nicht bis dahin!"

Die fünfjährige Cornelia sitzt lustlos vor ihrem Suppenteller und die Mutter fragt: „Willst du denn heute gar nichts essen?" – „Ach, weißt du, Mutti, ich bin heute so unappetitlich!"

„Mutti, ist noch nicht bald Mittag?“, ruft Jochen durch die offene Küchentür. – „Da ist noch fast eine Stunde hin“, antwortet die Mutter. – „Na, so was!“, wundert sich der Junge. „Da geht mein Magen heute ganz schön vor!“

Danielas Plappermäulchen geht unaufhörlich. „Wenigstens beim Essen will ich Ruhe haben“, sagt der Vater. Und jedesmal, wenn Daniela reden will, wird ihr von jetzt ab mit einem Handzeichen bedeutet. dass sie zu schweigen habe.
„So, jetzt kannst du wieder reden!“, sagt der Vater nach dem Essen.
„Jetzt ist es zu spät“, spottet Daniela, „du hast die Fliege in der Suppe schon mitgegessen!“

„Hat denn dein Gewissen nicht gesprochen“, fragt die verärgerte Mutter, „als du unsere ganze Schachtel Pralinen aufgegessen hast?“
„Doch“, gesteht Hänschen ein, „aber da hatte ich sie schon gegessen!“

„Du musst aber ziemlich bekloppt sein"

Aus Kindergarten und Schule

Die Erzieherin im Kindergarten fragt: „Wer weiß denn schon, wie viel 2 und 1 ist?" – „Drei", ruft die kleine Steffi gleich. – „Richtig", lobt die Erzieherin. „Und dafür bekommst du jetzt auch drei Bonbons von mir." – „Wenn ich das gewusst hätte, hätte ich mehr gesagt!", ärgert sich jetzt Steffi.

Von der Allgegenwart Gottes ist im Kindergarten die Rede gewesen, und die Erzieherin prüft, ob die Kinder auch alles verstanden haben:
„Siegfried, ist Gott auch in der Kirche?" – „Ja."
„Günther, ist Gott auch in eurem Keller?" – „Nein."
„Aber wieso soll er da nicht sein?" – „Weil wir keinen Keller haben."

Ob die Eltern mit den Kindern vor dem Schlafengehen ein Nachtgebet sprechen, will die Erzieherin im Kindergarten wissen. Klein-Anja kann es bestätigen: „Die Mutti macht immer ein Kreuzchen auf meine Stirne und sagt: Gott sei Dank, dass du im Bett bist!"

Die Erzieherin im Kindergarten fragt, ob sich eines der Kinder erinnern könne, schon einmal jemanden froh gemacht zu haben. Paulchen kann sich erinnern: „Ich habe meine Oma besucht und sie hat gesagt, dass sie froh ist, wenn ich wieder fort gehe."

„Man bohrt nicht mit seinem Zeigefinger in der Nase herum!", tadelt die Erzieherin im

Kindergarten den kleinen Richard. „Welchen Finger soll man denn nehmen?", will daraufhin der Junge wissen.

Lehrer: „Kurt, dein Aufsatz ist sehr schlecht. Das muss ich deinem Vater mitteilen." – „Ja gut, vielleicht nimmt er sich dann das nächste Mal mehr zusammen!"

Der Lehrer sagt am zweiten Schultag: „Also merkt euch, liebe Kinder, euer Unterricht beginnt in diesem Schuljahr jeden Tag um 8 Uhr!" – Da meint Susi: „Und wenn ich noch nicht da bin, Herr Lehrer, dann fangen Sie ruhig ohne mich an!"

Frank ist neu zugezogen und nimmt erstmals am Schulunterricht teil. „Bist du zu Hause der Älteste in der Familie?", will der Lehrer von dem kleinen Jungen wissen.
„Nein", gibt Frank Auskunft, „mein Vater und meine Mutter sind älter!"

Im Schulunterricht weint die kleine Henriette plötzlich los: „Mein Kaninchen ist heute Nacht gestorben!" – „Aber als vor drei Wochen deine Oma gestorben ist, hast du doch auch nicht so geweint", will die Lehrerin trösten. – „Die war ja auch nicht von meinem Taschengeld gekauft", jammert daraufhin das Mädchen.

Der erste Schultag ist zu Ende. „Wie hat es dir denn in der Schule gefallen?", interessiert sich der Vater.
„Es war schön", erzählt Tobias. – „Und hast du auch schon etwas gelernt?" – „Ja – dass alle anderen Kinder mehr Taschengeld bekommen als ich!"

Lehrer Meyer trifft Irmi mit der großen Zuckertüte auf dem Weg zur ersten Schulstunde. „Sieh mal", sagt er scherzend zu Irmi, „jetzt bin ich schon fast vierzig Jahre alt und muss genau wie du immer noch zur Schule gehen." – „Da musst du aber ziemlich bekloppt sein", meint daraufhin das Mädchen.

Bei den ABC-Schützen kann die ganze Klasse schon bis 10 rechnen. Nur Kurti bleibt im Rechnen eine Niete, obwohl sich der Lehrer alle Mühe gibt. Zornig sagt der entnervte Lehrer: „Geh einmal in die Apotheke und hole für zehn

Cent Verstand!" – „Soll ich sagen, dass er für Sie ist?", fragt Kurti einfältig.

„Habt ihr außer dir noch weitere Buben in der Familie?", erkundigt sich der neue Lehrer. „Ja, noch den Papa", erklärt Helmut.

„Hast du noch mehr Geschwister?", fragt der Lehrer die kleine Elvira. – „Vier Stück!", berichtet das Mädchen stolz. – „Das heißt, ihr seid daheim fünf Kinder, die euren Eltern eine Menge Geld kosten." – „Nein", antwortet Elvira, „die kosten nichts, die bekommen wir immer so!"

„Du musst jetzt zur Schule gehen", erinnert die Mutter ihren Sohn Peter, den Erstklässler. – Der widerspricht: „Nein, heute ist keine Schule. Der Lehrer hat gestern gesagt: Genug für heute – morgen fahre ich fort!"

Nach einer zahnärztlichen Untersuchung in der Schule schmollt die kleine Elfi: „Alle anderen Kinder meiner Klasse haben Caritas (statt Karies) – nur ich nicht!"

„Und wo sind die Mamageien?"

Rund um die Tiere

Lehrer: „Fritz, wie heißt die Mehrzahl von Schwein?" – „Meerschwein, Herr Lehrer!"

Der kleine Robert geht zum ersten Mal mit seiner Mutti in den Zoo. Vor dem Wildschwein sagt die Mutter: „Das ist eine Sau!" – Erstaunt fragt Robert: „Warum? Was hat sie denn angestellt?"

Der Hund hat den Briefträger gebissen. Große Aufregung im Haus. „Ich möchte bloß wissen, was die Hunde gegen Briefträger haben!", schüttelt der Vater den Kopf. – „Vielleicht ärgern sie sich, dass sie nie Post bekommen", gibt die kleine Ulrike zu bedenken.

Der Lehrer belehrt seine Erstklässler, dass man Tiere nicht küssen soll, weil man davon krank werden und sogar sterben kann. Da erzählt

Marina: „Meine Tante hat ihren Papagei auch immer geküsst – und der ist jetzt wirklich gestorben!"

„Was sind denn eigentlich Idioten – sind das Tiere?", fragt Anni den Vater. – „Nein", gibt dieser zur Antwort, „das sind Menschen wie du und ich!"

„Was willst du denn mit diesen hässlichen Raupen in der Wohnung?", entsetzt sich die Mutter. „Wir haben draußen miteinander gespielt – und jetzt will ich ihnen einmal mein Zimmer zeigen", gibt die kleine Annette Auskunft.

Der vorbeikommende Pfarrer sieht, wie Astrid liebevoll einen Hund streichelt: „Ist er dein Hund?"
„Nein", erklärt das Mädchen bedauernd, „meine Mutter lässt keinen Hund und keine Katze ins Haus."
„Und wie steht es mit deinem Vater!"
„Den lässt sie schon ins Haus!"

„Sag einmal, Papi, was ist eigentlich ein Ferkel?“ – „Ein Ferkel – das ist das Kind von einem Schwein. Warum fragst du?“ – „Unser Lehrer hat heute in der Schule gesagt, dass ich ein Ferkel bin.“

Die kleine Tine will die Tante in der Nachbarschaft besuchen. Da kommt am Gartentor der große Schäferhund auf sie zu und will ihr freundlich das Gesicht abschlecken. Da schreit Tine aus Leibeskräften – und die besorgte Tante kommt gleich angerannt: „Hat der Hund dich gebissen?“ – „Nein“, sagt das Mädchen, „er hat erst einmal versucht, wie ich schmecke.“

„Sag mal“, empört sich die Mutter, „unser Papagei sagt auf einmal lauter schlimme Wörter. Hast du ihm diese beigebracht?“ – „Nein, ich habe ihm nur beigebracht, was er nicht sagen darf“, erklärt Hubert.

„Merkt ihr denn gar nicht, dass euer Hund die ganze Nacht durch bellt?“, fragt ärgerlich der Nachbar. – „Doch“, erklärt Rosi, „aber machen

Sie sich deswegen keine Sorgen, er schläft dafür genug am Tag."

„Können Sie bitte mal den Hund streicheln?", fragt Carola einen vorbeikommenden Herrn. – Der Herr tut es und fragt: „Du hast deinen Hund wohl sehr lieb?" – „Ach, das ist gar nicht mein Hund", erklärt Carola, „ich wollte nur sehen, ob er beißt."

Sandra geht mit der Mutter in den Zoo und kommt in die Nähe eins Storches. Der Storch nimmt keine Notiz von den beiden. Da sagt die Kleine: „Mutti, stell dir vor, der kennt dich gar nicht mehr!"

Im Zoo erklärt die Großmutter: „Christa, siehst du, das sind Papageien!" – „Und wo sind die Mamageien?", fragt das Mädchen zurück.

Der Fuchs hat einige Hühner aus dem Hühnerstall geholt. „Siehst du“, sagt die Oma zur kleinen Sonja, „die waren nicht brav – da hat sie der Fuchs gefressen.“ – „Und wenn sie brav gewesen wären, dann hätten wir sie gefressen“, folgert Sonja richtig.

Bei der Einweihung des neuen Sportplatzes findet eine Verlosung statt. Der Onkel lässt Klausi ein Los ziehen.
Der Bürgermeister ruft nachher selber die Gewinne aus: „Nr. 13, ein Ferkel!“
„Das bin ich!“, ruft Klausi ganz entzückt.

Eines Tages kommt der Nachbar mit seinem Hund die Straße entlang. Da ruft Karlchen erfreut: „Guck mal, Mutti, da geht der Waldi mit seinem Vater!“

„Ziehst du die Hühner jeden Abend so aus?“

In den Ferien

Die kleine Silke ist in den Ferien zum ersten Mal in einem Schweinestall. Sie zupft die Mutti am Rock, denn sie hat Angst und sagt: „Mutti, wenn diese Viecher sprechen, ist es gerade so wie beim Papi, wenn er schläft.“

Karlchen ist beim Opa auf dem Land zu Besuch und sieht, wie die Kühe daliegen und wiederkäuen. „Mensch, Opa“, wundert sich Karlchen, „wo bringst du denn die vielen Kaugummis für deine Kühe her?“

Trinchen ist das erste Mal auf einem Bauernhof. Am Abend sieht sie zu, wie die Bäuerin ein Huhn rupft. „Ziehst du deine Hühner jeden Abend so aus?“, fragt erstaunt das Mädchen.

Kerstin macht mit den Eltern Ferien auf dem Bauernhof. Als sie sieht, wie der Bauer Mist auf seine Schubkarre lädt, fragt sie interessiert: „Wohin kommt denn der Mist?" – „Der kommt auf die Erdbeeren", erklärt der Bauer. – Da staunt Kerstin nicht schlecht: „Und wir daheim tun immer Sahne darauf!"

Franzl aus Bayern verbringt die Ferien bei der vornehmen Verwandtschaft in Bremen. Als es mittags Brathähnchen gibt, nimmt der Junge das Hähnchen zum Essen ganz unkompliziert in die Hand. „Bei uns nimmt man die Gabel in die linke Hand und das Messer in die rechte Hand", belehrt ihn die Kusine. – „Ja, und womit nimmt man dann das Hähnchen?", staunt Franzl.

Toni und Klaus sammeln in den Ferien Pilze. „Um Gottes willen, diese Pilze könnt ihr doch nicht nehmen. Die sind ja giftig", entsetzt sich ein Spaziergänger.
„Das macht nichts", erklärt Klaus, „wir wollen sie ja nicht selber essen, sondern verkaufen."

Nichts tun Paul und Peter in den Ferien lieber als am Rand des Weges Lehm zu allerlei Figuren zu kneten. Da kommt eines Tages auch der Pfarrer vorbei und fragt: „Was macht ihr denn da Schönes?“
Paul sagt: „Wir machen eine Kirche!“
Und alsbald fügt Peter hinzu: „Und wenn der Dreck reicht, machen wir auch noch einen Pfarrer dazu!“

Klein-Herberts arg strapazierter Teddy hat schon ganz schön Federn lassen müssen. Als der kleine Herbert während der Ferien im Schwimmbad einen Mann mit ganz vielen Haaren auf der Brust sieht, ruft er: „Guck mal, Mutti, bei dem Mann kommt auch schon die Füllung raus – wie bei meinem Teddy!“

Marcel verbringt einen Ferientag bei der Tante. Nach dem Essen erinnert die Tante an das Dankgebet. Marcel soll es mit eigenen Worten beten. Das tut er auch, ohne lange zu überlegen: „Lieber Gott, danke für das gute Essen und danke, dass ich nicht geplatzt bin!“

Der kleine Jochen macht mit den Eltern und Geschwistern Urlaub auf dem Bauernhof. Am Abend sieht er zum ersten Mal, wie Kühe an die Melkmaschine angeschlossen sind. „Tankst du denen Benzin hinein?“, fragt er die Bäuerin interessiert.

Die kleine Ingrid sitzt am Straßenrand und weint. „Warum weinst du denn?“, fragt ein Passant teilnahmsvoll. – „Weil ich keine Ferien bekomme“, heult Ingrid. – „Und warum bekommst du denn keine Ferien?“ – „Weil ich noch nicht zur Schule gehe.“

„Wo ward ihr denn in den Ferien?“, wird Sonja von der Tante gefragt. – „Auf Menorca!“ – „Wo liegt denn das?“ – „Weiß ich nicht. Wir sind geflogen!“

„Ich habe mich nur vergrüßt“

Im Garten – auf der Straße – im Wald

„Warum weinst du, Kleiner?“, fragt der Polizist einen Jungen, der gerade den ersten Schultag hinter sich hat und an einer Straße steht. – „Wir haben in der Schule gelernt, dass ich erst über die Straße gehen darf, wenn das Auto vorbei ist. Und nun stehe ich schon eine halbe Stunde hier, und es kommt gar keins.“

Fritzchen stolpert und fällt hin. „Hoffentlich ist deine Nase ganz geblieben“, versucht ihn eine mitleidige Frau zu trösten.
„Ja“, antwortet der Junge, „die beiden Löcher waren vorher schon drin!“

Mitten im dicht gedrängten Bus sitzt Helmut. „Willst du nicht vielleicht aufstehen?“, fragt ein bisschen aufgebracht eine ältere Dame. – „Nein, das tu ich nicht“, wehrt sich der Junge, „dann setzen Sie sich auf meinen Platz!“

Immer wieder fährt der Vater um den Häuserblock, aber er findet keinen Parkplatz. „Alle anderen haben einen Platz gefunden, nur du nicht!", mault Lenchen.

Der kleine Daniel geht mit dem Vater im Wald spazieren. „Hörst du das Klopfen?", fragt der Vater. „Das ist ein Specht!" – „Warum klopft der denn?", will Daniel wissen. „Der frisst kleine Würmer, die unter der Baumrinde sitzen", erklärt der Vater. – „Aber", fragt Daniel ganz erstaunt. „warum machen die Würmer denn auf, wenn der Specht klopft?"

Daniela ist drei Jahre alt und soll schon schwimmen lernen. Kaum ist sie ein paar Sekunden lang im Wasser des Schwimmbeckens, schreit sie los: „Mami, lass mich wieder raus, ich hab keinen Durst mehr!"

Inge grüßt aus Versehen eine ihr völlig unbekannte Dame. „Woher kennst du mich denn?", will die Dame wissen. – „Gar nicht", gibt Inge zur Antwort, „ich habe mich nur vergrüßt."

Der kleine Gernot lernt Rad fahren und hat mit vielen Schlangenlinien schon fast zehn Meter geschafft. Da fährt er hinter der Kurve eine Frau an. „Bengel, kannst du nicht klingeln?“, schimpft die Frau ärgerlich. – „Doch“, erklärt Gernot verschüchtert, „aber nicht Rad fahren!“

Die Lehrerin spricht Daniel auf der Straße an: „Jetzt bist du schon ein Schuljunge, weißt du nicht, dass man beim Grüßen die Hände aus den Hosentaschen nimmt?“ – „Aber ich habe Sie doch gar nicht gegrüßt“, verteidigt sich der Junge.

Auf der Dorfstraße hat ein Autofahrer ein Huhn überfahren und kommt zu Maxi ins Haus: „Gehört euch dieses Huhn hier?“ „Nein“, ist Maxi überzeugt, „so platte Hühner haben wir nicht!“

Heiko sitzt faul in der Gartenschaukel, als die Nachbarin kommt: „Hör mal, Heiko, du bist doch ein gescheites Kind, du kannst doch sicherlich einmal für mich einkaufen gehen?!" – „Nein, nein", wehrt Heiko ab. „Ich bin gar nicht so gescheit. Ich sehe nur so aus!"

„Müllers müssen recht arme Leute sein, Mutti", sagt Klein-Evi, als sie von den Nachbarn zurückkehrt. – „Wie kommst du denn darauf?", will die Mutter wissen. – „Weil sie zu zweit auf einem Klavier spielen", erwidert das Mädchen.

Flori sitzt im Bus und es läuft ihm dauernd die Nase. Da fragt eine Dame: „Hast du kein Taschentuch dabei?" – „Doch", erwidert Flori, „aber ich leihe es Ihnen nicht!"

„Bei dem lassen wir aber nichts mehr machen“

Rund um den lieben Gott

Fränzchen ist von den Eltern überzeugt atheistisch und glaubenslos erzogen worden. Da stellt er doch plötzlich eine Frage, die den Vater ziemlich gereizt durch die Brille schauen lässt: „Du, Vati, weiß der liebe Gott eigentlich, dass es ihn nicht gibt?“

Der kleine Olaf hat ausnahmsweise ganz lange aufbleiben dürfen und wird todmüde von der Mutter ins Bett gebracht. „Aber dein Abendgebet wollen wir trotzdem nicht vergessen“, erinnert die Mutter. – „Ja, meinst du denn, dass im Himmel jetzt noch einer wach ist?“, zweifelt Klein-Olaf.

Die kleine Else darf zum ersten Mal mit den Eltern fliegen. Als das Flugzeug an die Wolkendecke herankommt, erklärt die Mutter: „Sieh mal, jetzt fliegen wir gleich durch die Wolken hindurch!“ – Da meint Elschen: „Weiß der liebe Gott schon, dass wir kommen?“

„Vati, warum stehen denn deine Ohren so weit ab?", fragt der kleine Sohn seinen Vater. – „Das hat der liebe Gott gemacht", antwortet dieser. – Darauf der Junge: „Du, bei dem lassen wir aber nichts mehr machen!"

„Mutti, schau mal", sagt Elke, „ich habe den lieben Gott gemalt." – „Aber Elke, niemand weiß, wie der liebe Gott aussieht", antwortet die Mutter. – „Aber jetzt weißt du's!", meint die Tochter.

Während eines Regengusses geht Viola über die Straße, um den neuen Regenschirm auszuprobieren. Plötzlich ein greller Blitz! Da läuft Viola begeistert ins Haus zurück und ruft: „Der liebe Gott hat mich mit dem neuen Schirm sogar fotografiert!"

Der kleine Alexander sieht zum ersten Mal einen elektrischen Liedanzeiger in der Kirche. Als die Zahlen für das erste Lied erscheinen, ruft er ganz laut „Mutti, die Lottozahlen sind schon da!"

Evi bekommt von der Oma das Innere der Kirche gezeigt. Zu Hause erzählt sie nachher der Mutter: „Mutti, wir waren heute im Haus vom lieben Gott. Aber er war nicht da. Nur seine Frau haben wir gesehen – die hat gerade die Kirche geputzt."

„Woher hast du denn das Geld für das Eis?", fragt die Mutter argwöhnisch.
„Das hast du mir doch für die Kirche mitgegeben", antwortet Egon treuherzig. „Aber dort hat der Eintritt nichts gekostet!"

Die Mutter hat Klein-Erich mit in die Kirche genommen. Vorne flackert rot das Ewige Licht – und die Mutter betet. Da fragt Klein-Erich plötzlich: „Mutti, können wir wieder gehen, wenn das rote Licht da vorne grün wird?“

Es ist Ende Oktober und zum ersten Mal fallen Schneeflocken vom Himmel. Angela schaut mit großen Augen zum Himmel und fragt: „Bleibt der Schnee liegen?“
„Nein. noch nicht“, antwortet die Mutter. Darauf meint die Kleine: „Dann ist das nur eine Probe vom lieben Gott!“

Therese, vier Jahre alt, singt voller Überzeugung das Lied: „Weißt du, wieviel Sternlein stehen ...“ Die Zeile: „Gott, der Herr, hat sie gezählet“ geht bei ihr infolge eines „Hörfehlers“ aber so: „Gott, der Herr, hat sieben Zähne, dass ihm auch nicht einer fehle ...“

„Nun, Henrik“, fragt der Onkel, „wie weit seid ihr denn im Religionsunterricht?“ – „Mit dem lieben Gott sind wir fertig“, weiß der Junge zu antworten.

Die Oma bringt Ralf ein neues Gebetchen bei: „Lieber Gott, mach mich fromm, dass ich zu dir in den Himmel komm".
Da stutzt Ralf plötzlich und meint: „Aber wie soll ich denn von dort wieder herunterkommen?"

„Was haben wohl die Gäste auf der Hochzeit zu Kana gedacht, nachdem Jesus Wasser in Wein verwandelt hatte?", fragt die Lehrerin im Religionsunterricht.
Darauf antwortet - wie aus der Pistole geschossen - der neunjährige Boris: „Den laden wir auch mal bei uns ein!"

Im Religionsunterricht fragt Thomas: „Seit wann ist denn der liebe Gott krank?"
Die Lehrerin ist verwundert und antwortet: „Wieso? Der liebe Gott kann doch gar nicht krank werden."
Thomas aber bleibt bei seiner Meinung: „Ich habe heute Morgen in der Zeitung gelesen: Gott hat Herrn Doktor Müller zu sich gerufen!"

„Was ist eine Gotteslästerung?", will der Pfarrer in der Religionsstunde wissen.
Astrid kann ein Beispiel nennen: „Wenn man zu jemandem ‚Grüß Gott' sagt - und dabei denkt: ‚Hol dich der Teufel!'"

Im Religionsunterricht fragt der Lehrer den achtjährigen Robert: „Was passiert, wenn du eines der Zehn Gebote brichst?"
Wie aus der Pistole geschossen, gibt der Junge zur Antwort: „Dann sind es nur noch neun!"

Cornelia, sechs Jahre alt, fragt beim Mittagstisch: „Mutti, muss man im Himmel auch in die Schule?"
„Nein, das braucht man nicht", antwortet diese.
Darauf meint der siebenjährige Bruder: „Aber in die Musikstunde muss man und für den lieben Gott Lieder lernen."

Gute Nacht, lieber Gott

Dieses Gebetbuch von Christa und Reinhard Abeln will zeigen, wie Kinder im Kindergarten-, Vorschul- und Grundschulalter am Abend mit Gott sprechen können.
Die Gebete - mal spontan, mal gereimt formuliert - wollen nicht etwas Fertiges sein, sondern sind als Anregung gedacht, wie man alles, was man am Tage erlebt hat, mit Gott ins Gespräch bringen kann.
Die liebevollen Illustrationen helfen den Kindern, die Gebetstexte gut zu verstehen und den lebendigen Gott mitten im Alltag zu erfahren.

32 Seiten, fester Umschlag,
16 ganzseitige Farbbilder, 4,95 €

Bestellanschrif